Das didaktische Konzept zu Sonne, Mond und Sterne
wurde mit Prof. Dr. Manfred Wespel, Pädagogische Hochschule
Schwäbisch Gmünd, entwickelt.

Zu diesem Buch gibt es Unterrichtsmaterialien unter
www.vgo-schule.de

Beim Druck dieses Produkts wurde durch den innovativen Einsatz der Kraft-Wärme-Kopplung im Vergleich zum herkömmlichen Energieeinsatz bis zu 52 % weniger CO_2 emittiert.
Dr. Schorb, ifeu.Institut

Mix
Produktgruppe aus vorbildlich bewirtschafteten Wäldern und anderen kontrollierten Herkünften
www.fsc.org Zert.-Nr. SGS-COC-001425
© 1996 Forest Stewardship Council

Überarbeitete Neuausgabe

© Verlag Friedrich Oetinger GmbH, Hamburg 1996, 2010
Alle Rechte vorbehalten
Titelbild und farbige Illustrationen von Manfred Bofinger
Druck und Bindung: Mohn media · Mohndruck GmbH, Gütersloh
Printed in Germany 2010
ISBN 978-3-7891-0669-9

www.oetinger.de

Paul Maar

Der Buchstaben-Fresser

Bilder von
Manfred Bofinger

Verlag Friedrich Oetinger · Hamburg

Inhalt

1. Das Ei   5

2. Schulkinder und Schuhe   13

3. Ein Schaf im Salat   20

4. Geräucherte Forelle und Dill   25

5. Die Lösung   29

6. Mehr vom Buchstaben-Tauscher   39

7. Herrn Dills Falle   45

8. Tief im Wald   52

Leserätsel   56

1. Das Ei

Die ganze Sache fing damit an, dass Claudia im Garten das große Ei fand.
Es war hellblau und ungefähr so groß wie ein Autoreifen. Wenn man genau hinguckte, sah man auf der blauen Schale lauter kleine Buchstaben.
Claudia hatte noch nie ein hellblaues Ei gesehen und ein so großes schon gar nicht.

Vielleicht ist es ein Saurier-Ei, dachte
Claudia. Ich muss es gleich Papa zeigen.
Claudia ging zum Haus. Papa stieg gerade
ins Auto und wollte wegfahren.
„Papa, warte!", rief Claudia. „Komm schnell
mit in den Garten! Ich habe ein Ei gefunden.
Ich glaube, es ist ein Saurier-Ei. Es ist
hellblau und fast so groß wie ich. Du musst
es dir angucken."
Papa lachte und sagte: „Keine Zeit! Ich muss
ganz schnell ins Geschäft fahren. Leg das
Saurier-Ei doch einfach in unseren Keller. Ich
schau es mir an, wenn ich zurück bin."
Dann lachte er wieder, winkte Claudia zu und
fuhr weg.
Claudia sagte: „Wie soll ich denn so ein
großes Ei in den Keller schaffen? Das ist
doch viel zu schwer."
Aber als sie wieder im Garten war, probierte
sie es doch.
Das Ei war viel leichter, als sie gedacht hatte.
Kaum schwerer als ein Luftballon.

Claudia nahm das Ei und trug es die
Kellertreppe hinunter, öffnete die Kellertür
mit dem Ellbogen und wollte das Ei drinnen
vorsichtig hinlegen. Aber es fiel ihr aus der
Hand und bekam einen dicken Sprung.

„Mist!", sagte Claudia. „Jetzt ist die doofe Schale zerbrochen."
Irgendwas knackte und kratzte im Ei. Gerade so, als nagte jemand von innen an der Schale.
Claudia erschrak. Sie rannte die Kellertreppe hoch zu Mama.

„Mama, komm schnell!", rief Claudia. „Im Keller ist ein Saurier-Ei. Das macht ganz komische Geräusche."
Mama saß am Computer und tippte Zahlen ein.
Sie sagte: „Claudia, stör mich jetzt nicht. Du siehst doch, dass ich arbeite."
„Du musst aber kommen", sagte Claudia. „Ich glaube, da schlüpft gerade ein Saurier aus."
Mama hörte auf zu tippen und lachte.
„Die Saurier sind leider ausgestorben", sagte sie zu Claudia. „Spiel lieber ein anderes Spiel."

Claudia sagte: „Das ist kein Spiel. Da ist wirklich ein Ei. Wenn kein Saurier drin ist, dann vielleicht ein großer Vogel. Oder ein Krokodil. Die schlüpfen nämlich auch aus Eiern. Das hab ich in der Schule gelernt, bei Frau Wagner."
Mama sagte: „Jaja, schon recht. Und jetzt gehst du bitte wieder in den Garten. Bei so schönem Wetter spielt man nicht im Keller."
Dann drehte sie sich um zum Computer und tippte weiter Zahlen ein.

Claudia ging zur Treppe, stieg hinunter,
öffnete die Kellertür und guckte vorsichtig
hinein. Das Ei war aufgebrochen. Auf dem
Boden lag nur noch die leere Schale.

Claudia schaute sich um. Aber da war nichts
zu sehen, kein Saurier, kein großer Vogel und
auch kein Krokodil.
Claudia ging wieder nach oben.
„Wenn Papa kommt, zeig ich ihm die Schale.

Der glaubt mir bestimmt, dass da unten ein Ei
war", sagte sie zu Mama.
Mama antwortete nicht. Sie war beschäftigt.
Claudia ging in ihr Zimmer und fing an zu
malen. Ab und zu guckte sie aus
dem Fenster. Aber Papa kam immer noch
nicht. Wie langweilig!

2. Schulkinder und Schuhe

Claudia ging wieder zur Kellertreppe, stieg hinunter, öffnete die Kellertür und guckte hinein. Sie guckte noch einmal und noch einmal, weil sie gar nicht glauben konnte, was sie sah: Da war ihr Klassenzimmer. Frau Wagner stand vorne neben der Tafel. Die anderen Kinder saßen an ihren Tischen und blickten erstaunt zu Claudia hin, die in der Tür stand.

Frau Wagner sagte: „Claudia, du kommst aber spät. Schnell, setz dich an deinen Platz! Wir haben schon angefangen."
Völlig verwirrt setzte sich Claudia an ihren Platz. Nach der Schule gingen alle Kinder und Frau Wagner ganz selbstverständlich die Kellertreppe hoch und durch die Haustür nach draußen.

Mama kam aus dem Arbeitszimmer.
„Was ist denn hier los?", rief sie. „Wo kommen denn all die Kinder her? Hast du die alle reingelassen, Claudia?"

„Nein, hab ich nicht", sagte Claudia. „Die waren unten in der Schule."
„In welcher Schule?", fragte Mama.
Claudia sagte: „Geh mit mir in den Keller und guck es dir an!"
Mama stieg mit Claudia die Treppe hinunter und öffnete die Tür.

„Was ist denn hier los!", rief Mama nun schon zum zweiten Mal. „Wo kommen denn all die Schuhe her? Warst du das, Claudia?"
„Welche Schuhe?", fragte Claudia und guckte hinein.
Wo vorher die Schule gewesen war, war

wieder der Keller. Aber auf dem Kellerboden lagen jetzt mindestens hundert Schuhe.
„Nicht zu fassen", sagte Mama und Claudia nickte.
Als Papa gegen Abend nach Hause kam, führten ihn Mama und Claudia gleich in den Keller.

Papa fielen fast die Augen aus dem Kopf, als er die vielen Schuhe sah.

„Da hat uns jemand einen dummen Streich gespielt", sagte er. „Habt ihr nichts Ungewöhnliches beobachtet?"

„Und ob wir was beobachtet haben!", sagte Mama. „Mindestens 25 Schulkinder kamen mit Frau Wagner die Kellertreppe hoch und gingen aus dem Haus, ohne ‚Auf Wiedersehen' zu sagen."

„Frau Wagner?", fragte Papa. „Wer ist denn Frau Wagner?"

„Na, meine Lehrerin, das weißt du doch", sagte Claudia.

„Und die hat die ganzen Schuhe in den Keller geschleppt? Die hat aber eine merkwürdige Art von Humor!", rief Papa. „Sag ihr morgen in der Schule, sie soll ihre Schuhe gefälligst wieder abholen. Was sollen wir denn mit Hunderten von Schuhen? Und noch dazu lauter einzelnen. Wenn es wenigstens Paare wären, dann könnten wir sie verkaufen."

„Das war nicht Frau Wagner, ganz bestimmt nicht", sagte Claudia. „So was würde die nie machen."
„Dann weiß ich auch nicht, was ich davon halten soll", sagte Mama.
Und Mama, Papa und Claudia gingen wieder nach oben, um zu Abend zu essen.

3. Ein Schaf im Salat

Am nächsten Morgen geschah etwas, was noch viel merkwürdiger war als ein Berg aus Schuhen im Keller. Als Papa nämlich in den Werkzeugraum ging, um nach dem Hammer zu suchen, fand er ihn nicht. Dafür machte etwas hinter seinem Rücken ziemlich laut „Mäh!".
Papa fuhr herum: Hinter ihm stand ein Schaf, guckte ihn mit großen gelben Augen an und sagte noch einmal „Mäh".

Nachdem Papa sich von seinem Schreck erholt hatte, packte er das Schaf beim Fell und zog es nach draußen in den Garten. Dort blieb es stehen und machte zum dritten Mal „Mäh". Papa ging zurück in die Wohnung und sagte zu Claudia: „Bring dem Schaf bitte eine Schüssel mit Wasser. Ich glaube, es hat Durst."

„Welchem Schaf?", fragten Mama und Claudia fast gleichzeitig.

„Dem in unserem Garten", sagte Papa und ließ sich in einen Sessel plumpsen. „Und dann bringt mir bitte eine Beruhigungstablette."

Mama und Claudia stürzten in den Garten. Das Schaf stand im Gemüsebeet und fraß gerade den Salat. Mama und Claudia gingen zurück in die Wohnung.

„Soll das eine Überraschung für mich sein?", fragte Mama. „Mein Geburtstag ist doch erst im Dezember. Außerdem hätte ich viel lieber eine Armbanduhr. Die frisst wenigstens nicht unseren Kopfsalat auf."

Papa stöhnte. „Wenn hier einer überrascht wurde, dann bin ich es", sagte er. „Wer hat nur dieses Tier in meinen Werkzeugraum gebracht? Die Haustür war doch zu. Ich weiß gar nicht, wie der mit dem Schaf hereingekommen ist. Ich glaube, es wird Zeit, dass wir die Polizei holen."
Am Nachmittag kamen zwei Polizisten, hörten sich alles an, guckten sich alles an, schüttelten mehrmals den Kopf und schoben dann das Schaf auf den Rücksitz des

Streifenwagens. Sie weigerten sich aber,
auch die Schuhe mitzunehmen. Dann fuhren
sie wieder weg.
Die Überraschung am nächsten Tag war
nicht ganz so gewaltig wie die mit dem Schaf.
Aber Claudia reichte es.
In ihrer Schreibtischschublade hatte sie eine
Dose mit Bonbons stehen. Claudia hatte
mit Mama ausgemacht, dass sie sich jeden
Tag *eine* Süßigkeit nehmen dürfe. Meistens
klappte das auch. Nur ganz selten nahm sie
zwei oder drei oder fünf.
Als sie am Nachmittag nach der Schule das
Schubfach aufzog und nach der Bonbondose
greifen wollte, war die nicht mehr da. Dafür
lag eine unbekannte, senfgelbe Baumwoll-
hose in der Schublade.
Claudia ging zu Mama und beschwerte sich.
„Du hast mir die Bonbons einfach
weggenommen. Nur weil ich gestern
ausnahmsweise mal sieben gegessen habe",
sagte sie. „Das finde ich gemein."

Mama guckte sie erstaunt an und sagte: „Ich habe keine Büchse weggenommen."
„Und wer hat eine Hose in mein Schubfach gelegt?", fragte Claudia.

Mama sagte: „Eine Hose? Das muss derselbe gewesen sein, der das Schaf in Papas Werkzeugraum gebracht hat. Mal sehen, was dem noch alles einfällt!"
Mama musste gar nicht lange warten, dann sah sie schon, was dem Unbekannten wieder eingefallen war.

4. Geräucherte Forelle und Dill

Als sie am nächsten Morgen ins Arbeitszimmer ging und sich an den Computer setzen wollte, war der Tisch verschwunden. Der Computer stand auf dem Fußboden. Daneben lag eine geräucherte Forelle.
Mama rief nach Papa. „Guck mal, was hier los ist!", sagte sie.
Papa guckte sich um. „Oh, geräucherte Forelle", sagte er, als er den Fisch sah.

„Das ist aber eine nette Überraschung. Danke, Schatz. Am liebsten esse ich sie leicht angewärmt mit Sahne-Meerrettich."

„Und sonst fällt dir wohl nichts auf?", fragte Mama grimmig.

Papa guckte sich noch einmal um. „Oh, dein Tisch fehlt ja", stellte er fest.

Mama sagte: „Nett, dass du das gleich bemerkst! Du musst jetzt endlich was unternehmen. So geht das nicht weiter. Hol die Polizei!"

„Die kann uns auch nicht weiterhelfen", sagte Papa. „Die nehmen höchstens die Forelle mit. Denk an das Schaf, das haben sie auch mitgenommen. Ich weiß was Besseres: Wir werden Albrecht Dill holen."

„Den alten Herrn Dill? Gar keine so schlechte Idee", sagte Mama.

Herr Dill wohnte vier Straßen weiter.

Alle in der Gegend wussten, dass Herr Dill mindestens dreitausend Bücher besaß, die er auch alle gelesen hatte. Darunter achtzig

Nachschlagewerke, zwölf Atlanten, siebzehn Wörterbücher und ein Pferdebuch. Wenn man über irgendetwas Bescheid wissen wollte, musste man nur Herrn Dill fragen. Der schlug dann so lange in seinen Büchern nach, bis er die Lösung gefunden hatte.
Er kam auch gleich und hörte sich die ganze Geschichte an.
Papa erzählte das mit dem Schaf.
Mama erzählte von der Forelle.
Herr Dill kratzte sich hinter dem Ohr und machte einen ratlosen Eindruck. Erst als ihm Claudia erzählte, dass alles mit einem hellblauen Ei angefangen hatte, wurde er hellhörig.

„Hellblaues Ei? Da kommt mir eine Idee!",
rief er, ging nach Hause und kam mit einem
dicken Lexikon zurück. Er setzte seine
Lesebrille auf, schlug unter „E" nach und
las murmelnd, was da von hellblauen Eiern
stand.
„Waren auf dem Ei kleine Buchstaben zu
erkennen?", fragte er Mama.
„Da müssen Sie Claudia fragen", sagte
Mama. „Ich hab das Ei nie gesehn. Ich dachte
immer, sie hätte sich das nur ausgedacht."
„Ja, da waren Buchstaben", rief Claudia.
„Was bedeutet das?"
„Nichts Gutes", sagte Herr Dill und kratzte
sich schon wieder hinter dem Ohr. „Das Ei
stammt zweifellos von einem Buchstaben-
Fresser."

5. Die Lösung

„Buchstaben-Fresser? Was ist denn das?",
fragten Mama, Papa und Claudia.
Herr Dill sagte: „Ich kann es euch ja
mal vorlesen: Buchstaben-Fresser schlüpfen
aus Eiern von zartblauer Grundfarbe. Es sind
Nachtwesen, die helles Licht meiden. Sie
sind ziemlich gefräßig und fressen jeden Tag
mindestens einen Buchstaben, den sie sich
aus Wörtern ihrer Umgebung herausbeißen.
Das kann manchmal unangenehme Folgen
haben. So, wenn sie zum Beispiel aus
einem Plätzchen das ‚P' wegknabbern. Der
entsetzte Besitzer findet dann am nächsten
Morgen nur noch ein Lätzchen vor.
Es wurde auch schon beobachtet, dass sie
mitten aus einem Busch das ‚s' wegfraßen.

Wo im Garten vorher ein schöner Busch gestanden hatte, lag jetzt lediglich ein Buch, das durch den nächtlichen Tau zudem noch ziemlich aufgeweicht war."
Herr Dill guckte von Claudia zu Mama und von Mama zu Papa.
„Da haben wir's!", sagte er triumphierend. „Das ist die Lösung."
„Ich verstehe gar nichts", sagte Claudia. „Was hat das mit dem Klassenzimmer im

Keller, mit den Schuhen und dem Schaf zu tun?"

„Du kannst das auch nicht verstehen, weil ich noch nicht alles vorgelesen habe", sagte Herr Dill nachsichtig. „Hier stehen noch ein paar Sätze: In den ersten Tagen nach dem Ausschlüpfen nimmt der Buchstaben-Fresser noch keine Nahrung zu sich. Er übt lediglich den Umgang mit Buchstaben. Er vertauscht sie. Daher wird der Buchstaben-Fresser während seiner frühen Jugend auch ‚Buchstaben-Tauscher' genannt."

„Buchstaben-Tauscher? Jetzt verstehe ich alles!", rief Claudia. „Er hat alles, alles vertauscht!"

„Wieso vertauscht?", fragte Papa.

„Was meinst du damit?", fragte Mama.

„Ist doch ganz einfach", erklärte ihnen Claudia. „Als der Buchstaben-Tauscher ausgeschlüpft war, lag im Keller die Schale. Er hat das ‚a' in ein ‚u' vertauscht. Deswegen war dann plötzlich im Keller die Schule."

„Jetzt verstehe ich es auch", rief Mama. „Später hat er dann das ‚l' von ‚Schule' in ein ‚h' vertauscht. Daher die Schuhe!"
„Moment, Moment!", sagte Papa. „In meinem Werkzeugraum hat ein Hammer gefehlt und dafür stand ein Schaf da. Eure Theorie scheint doch nicht zu stimmen."
Herr Dill überlegte einen Augenblick und kratzte sich dabei hinterm Ohr.
„War das ein weibliches Schaf oder ein männliches?", fragte er dann.

„So genau hab ich es mir nicht angeguckt",
sagte Papa. „Warum fragen Sie das?"
„Weil es bestimmt ein *männliches* Schaf
war", sagte Herr Dill. „Wie man ja weiß,
heißt das männliche Schaf ‚Hammel'. Der
Buchstaben-Tauscher brauchte also nur das
‚r' vom Hammer mit einem ‚l' zu tauschen
und schon war da ein männliches Schaf."
„Und was ist mit meiner Bonbonbüchse?",
fragte Claudia.
Herr Dill sagte: „Darf ich erfahren, was an der
Stelle lag oder stand, wo vorher die Büchse
gewesen war?"
„Eine olle Hose in einer doofen Farbe, die
mir überhaupt nicht steht", sagte Claudia.
„Außerdem ist sie mindestens zwei Nummern
zu groß."
„Aha, eine Hose also. Dachte ich mir's doch",
sagte Herr Dill. „Zu einer Bonbonbüchse
kann man genauso gut Bonbondose sagen.
Er hat einfach das ‚D' der Dose mit einem ‚H'
vertauscht."

„Stimmt!", rief Mama. „Und jetzt kann ich mir auch den fehlenden Tisch erklären. Er hat das ‚T' mit dem ‚F' vertauscht. So kam Papa zu seinem Fisch."

„Ja, und was machen wir jetzt?", fragte Papa.
„Wie wird man einen Buchstaben-Tauscher
möglichst schnell wieder los?"
Herr Dill kratzte sich hinterm Ohr und sagte:
„Das ist nicht so einfach, wie Sie sich das
vorstellen. Hier im Buch steht: Die einzige
Möglichkeit, einen Buchstaben-Tauscher
wieder loszuwerden, ist die, ihn in sein Ei
zurückzulocken. Er fühlt sich nämlich im Ei
ganz wohl und verlässt es nur ungern. Aber
wie soll man ihn hineinlocken, wenn es gar
kein Ei mehr gibt?"

„Eigentlich ist das Vertauschen doch recht
lustig", sagte Claudia. „Ich bin schon ganz
gespannt, was er morgen früh vertauscht hat."

Herr Dill machte ein bedenkliches Gesicht. „Man darf das nicht zu leicht nehmen", warnte er. „Ich würde euch raten, jede Nacht das Licht in euren Zimmern brennen zu lassen, damit er nur noch im Keller oder im Flur sein Unwesen treiben kann. Der Buchstaben-Tauscher ist, wie gesagt, sehr lichtscheu. Eigentlich ist er recht gutmütig. Aber er ist sehr verspielt und merkt gar nicht, was er Schlimmes anrichtet.

Hier, guckt euch dieses Bild an und lasst es euch eine Warnung sein." Er zeigte Papa, Mama und Claudia ein Bild aus dem Buch. „Dieser arme Mensch hier ist ein besonders geplagtes Opfer des Buchstaben-Tauschers. Wie man sieht, ist da, wo früher mal die Nase war, jetzt ein Hase, statt der Hände hat der arme Mensch nun Hunde, und an seinem Bauch ist, wie man hier erkennen kann, nicht mehr sein Nabel, sondern eine Gabel."

„Um Himmels willen!", rief Mama. „Stell dir
vor, er verwandelt den Vater in einen Kater,
das Kind in ein Rind und die Mutter in Futter.
Da fresst ihr mich ja womöglich auf!"
„Das würde ich nie tun", versicherte Papa.
„Selbst als Kater nicht. Ich würde lediglich
den Fisch essen. Kater lieben nämlich Fisch.
Aber wir werden trotzdem bei Licht schlafen!"
„Das kann ich nur begrüßen", sagte Herr
Dill. „Und lassen Sie keine wertvollen
Gegenstände im Dunkeln liegen. Nicht, dass
morgen aus Ihrer Jacke eine Hacke, eine
Zacke oder eine Backe geworden ist. Oder
womöglich noch etwas Schlimmeres!"
Herr Dill verabschiedete sich und ging mit
seinem Buch nach Hause.

6. Mehr vom Buchstaben-Tauscher

Bevor Claudia an diesem Abend beim Licht der Nachttischlampe einschlief, hatte sie noch eine Idee. Sie holte eine Blume aus der Vase im Wohnzimmer, legte sie in die dunkle Küche und rannte schnell zurück.

Vielleicht entdeckt er ja die Blume und hat Lust, das ‚m' zu tauschen, dachte sie. Eine neue Bluse könnte ich gut gebrauchen.
Am nächsten Morgen wurde Claudia von einem Aufschrei geweckt. Er kam von Mama und kam eindeutig aus der Küche.
Claudia rannte im Nachthemd hinüber.

„Was ist denn hier los?", fragte sie. „Wer hat denn hier einen Wald gepflanzt?"
In der Küche standen mindestens zwanzig Bäume.
„Na, wer schon!", sagte Mama. „Ich frag mich nur, was er diesmal womit getauscht hat."

„Auweia, da bin ich schuld", sagte Claudia. „Ich dachte, dass er das ‚m' bei meiner Blume in ein ‚s' tauscht. Aber der doofe Kerl hat das ‚l' in ein ‚ä' vertauscht. Weißt du was, Mama: Wir lassen die Bäume einfach stehen.

Vielleicht tauscht er heute Nacht das ‚B‘ in ein ‚R‘, dann haben wir endlich eine große Wohnung mit vielen Räumen."
Aber am nächsten Morgen standen die Bäume immer noch in der Küche.
Und neben der Heizung ragte jetzt ein riesiges Ohr aus der Wand.
„Aha, heute hat er die Uhr vertauscht", sagte Papa, der an einen Eichenstamm gelehnt seinen Milchkaffee trank.
„Stimmt nicht", sagte Claudia. „Neben der Heizung hing nie eine Uhr. Außerdem höre ich unsere Uhr ganz deutlich dort hinten neben dem Tannenbaum ticken."
„Das ist kein Tannenbaum, sondern eine Fichte", sagte Papa, der sich in Botanik bestens auskannte. „Aber du hast recht. Wo jetzt das Ohr ist, war vorher ein Rohr."
„Ein Rohr?", fragte Mama entsetzt und sprang von dem niedrigen Ast, auf dem sie beim Frühstück gesessen hatte. „Das bedeutet ja, dass er jetzt kein Buchstaben-

42

Tauscher mehr ist, sondern ein Buchstaben-Fresser. Jetzt wird er ja noch unberechenbarer. Aus einer Fliege macht er womöglich eine Liege und aus einem Brett beißt er vielleicht das ‚r' und macht es zum Bett."

„Wäre das denn so schlimm?", fragte Papa. „Dann könnten wir Tante Erna und Onkel Rudi endlich mal ordentliche Betten bieten, wenn sie zu Besuch kommen, und nicht nur das alte Sofa."

„Nein, nein, nein!", rief Mama. „Wir holen sofort Herrn Dill."

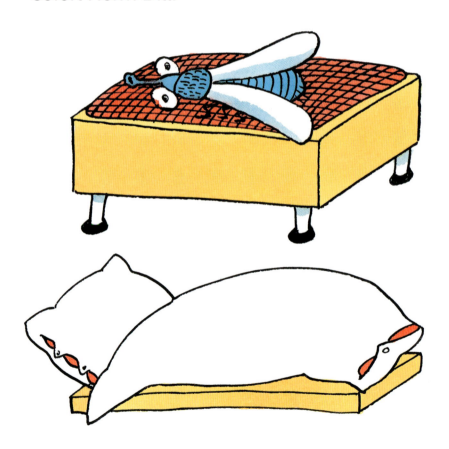

7. Herrn Dills Falle

Herr Dill kam gegen Mittag, beguckte sich das große Ohr und kratzte sich an der Nase. „Es ist also so weit. Der Tauscher ist zum Fresser geworden", sagte er. „Ich habe mir inzwischen einen Plan ausgedacht. Ich kann nicht versprechen, dass alles so klappt, wie ich's mir vorstelle. Aber versuchen müssen wir's!"
Er ging zu einer freien Stelle zwischen den Bäumen und malte mit Kreide einen großen Kreis auf den Boden.
„Was ist das?", fragte Papa.
Herr Dill sagte: „Das ist ein Kreis. Mal sehen, ob er anbeißt, der Buchstaben-Fresser."

„Ob er den Kreis anbeißt?", fragte Claudia.
„Ja, so könnte man es auch nennen", sagte
Herr Dill. „Löscht heute Abend auf jeden Fall
das Licht in der Küche und stört ihn nicht
beim Fressen."
Am nächsten Morgen kam Herr Dill schon bei
Sonnenaufgang, klingelte stürmisch an der
Haustür und rannte gleich in die Küche.
„Aha, es hat geklappt!", rief er dort. „Schaun
Sie mal: Wo gestern der Kreis war, liegt
heute Morgen ein Häufchen Reis. Er hat das

‚K' gefressen, ganz wie ich's vermutete."
„Soll ich den Reis aufkehren?", fragte Claudia.
„Nein! Um Himmels willen, nein!", sagte Herr Dill. „Der bleibt da liegen bis morgen früh. Genauer gesagt, bis heute Nacht. Habt ihr eigentlich einen Kühlschrank in eurer Küche?"
„Ja, dort hinter dem Tannenbaum", sagte Claudia.

„Sie meint, hinter der Fichte", verbesserte Papa.
Herr Dill sagte: „Das ist gut, den werden wir morgen früh brauchen."
Am nächsten Morgen war der Reis verschwunden. An seiner Stelle lagen jetzt vier Eiswürfel in einer kleinen Wasserpfütze.
„Schnell in den Kühlschrank mit dem Eis!", befahl Herr Dill, der wieder im ersten Morgengrauen die Familie aus dem Schlaf geklingelt hatte. „Er hat das ‚R' gefressen, ganz wie geplant. Hoffentlich frisst er heute Nacht da weiter und beißt nicht in eine Decke oder eine Tasche."

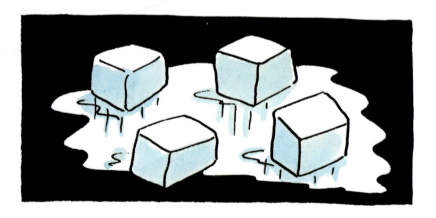

Erst am späten Abend wurde das Eis aus
dem Kühlschrank geholt und dort unter die
Fichte gelegt, wo vorher schon der Reis
gelegen hatte.

Und es klappte tatsächlich: Am nächsten
Morgen wurden alle davon wach, dass
Herr Dill aus der Küche rief: „Er hat das ‚s'
verschluckt, er hat das ‚s' verschluckt!"
Herr Dill hatte auf dem alten Sofa im
Wohnzimmer übernachtet und war deshalb
noch früher als sonst in der Küche. „Er hat
aus dem Eis ein Ei gemacht, und er hat
das Ei so gemacht, wie er es für richtig hält.
Schaut nur: ein schönes, himmelblaues
Ei, groß wie ein Autoreifen, mit kleinen
Buchstaben drauf. Jetzt müssen wir nur
noch herauskriegen, ob er tatsächlich im Ei
sitzt."
Herr Dill legte erst den Zeigefinger an die
Lippen, damit alle ruhig wurden, dann
das Ohr an die Eierschale und lauschte
lange.

49

Dann lächelte er.

„Er sitzt drinnen", sagte er. „Ich hab es rascheln hören."

„Darf ich auch mal?", fragte Claudia. Sie lauschte und flüsterte: „Genauso hat es sich angehört, als es bei uns im Keller lag."

„Dann schnell weg mit dem Ei, bevor wieder die Schale platzt!", befahl Herr Dill.

„Was machen wir nur damit?", fragte Papa.

Herr Dill sagte: „Ich schlage vor, wir laden

das Ei ganz, ganz vorsichtig in Ihr Auto
und schaffen es ganz, ganz weit weg.
Irgendwohin, wo keine Leute wohnen."
„Einverstanden", sagte Papa und trug das
Ei zusammen mit Herrn Dill ganz, ganz
vorsichtig die Treppe hinunter.
Herr Dill stieg ins Auto und nahm das Ei auf
den Schoß. Papa setzte sich ans Steuer und
dann fuhren sie los.

8. Tief im Wald

Spät am Nachmittag kam Papa zurück.
„Wo habt ihr das Ei hingebracht?", fragte Mama.
„Tief in einen Wald", erzählte Papa. „Das letzte Stück mussten wir zu Fuß gehen, weil es da keine Straße mehr gab. Dort liegt es jetzt und kein Mensch wird es je entdecken."
„Hoffentlich habt ihr es vorsichtig hingelegt und die Schale nicht zerbrochen", sagte Claudia. „Sonst wird es vielleicht bald in diesem Wald eine Schule geben."
„Mach dir keine Sorgen", beruhigte Papa sie. „Wir haben ganz arg aufgepasst."
Aber *so* arg schienen Papa und Herr Dill doch nicht aufgepasst zu haben. Denn eine Woche später las Mama beim Frühstück aus

der Zeitung eine Meldung vor: „Merkwürdige Ereignisse im Staatsforst. Wie ein Förster gestern der Behörde mitteilte, sollen sich in einem dichten Waldstück nahe Birkenfeld seltsame Dinge abspielen. Wenn man dem Förster Glauben schenken darf, sind über Nacht sämtliche Buchen aus dem Wald verschwunden. Wo früher die Bäume standen, fanden sich jetzt Tausende von Kuchen.

Aus einem anderen Teil des Waldes verschwanden alle Tannen. Stattdessen steht jetzt dort eine große Anzahl von Wannen ..."
„Tannen?", fragte Papa, der sich gerade unter seinem Lieblingsbaum eine Tasse Milchkaffee einschenkte. „Ich hätte wetten mögen, dass es Fichten waren."

"Ich bin gespannt, wann die ersten Elche auftauchen", sagte Claudia.

"Wieso Elche?", fragte Papa.

"Weil es im Wald bestimmt auch eine Eiche gibt", erklärte ihm Mama, die gleich begriff, was Claudia gemeint hatte.

"Er muss nur das ‚i' mit dem ‚l' vertauschen."

"Ihr habt recht. Dann werden die Elche bestimmt die Kuchen fressen und in den Wannen baden. Elche lieben das Wasser und Kuchen", sagte Papa. "Wo ist übrigens

der Rest des Erdbeerkuchens von gestern?"
„Der steht, glaube ich, dort hinter der Tanne",
sagte Claudia.
„Hinter der Fichte", wollte Papa eigentlich
verbessern. Doch dann ließ er es.

www.LunaLeseprofi.de

> Hallo!
> Ich bin Luna Leseprofi. Mit meinem Ufo fliege ich durch das All. Wenn ich lande, ist großer Lesespaß angesagt.
> Ich bin immer auf der Suche nach neuen Lese-Freunden.
>
> Finde die Antworten auf die 6 Fragen und fliege mit in meine Internet-Welt mit vielen spannenden Spielen und Rätseln.

Leserätsel

1. Was ist auf dem Ei, das Claudia findet?

O: ganz viele Zahlen
F: lauter kleine Buchstaben
S: kleine hellblaue Punkte

2. Warum ist Herr Dill so schlau?

L: Er isst jeden Tag Buchstaben-Suppe.
P: Er ist ein Professor.
I : Er liest so viel.

3. Was macht der Buchstaben-Tauscher aus der Schale im Keller?

C: erst eine Schule, dann viele Schuhe
R: erst den Schall, dann einen Ball
A: erst einen Schalk, dann ganz viel Kalk

4. Wer kommt zuerst: der Buchstaben-Tauscher oder der Buchstaben-Fresser?

H: der Buchstaben-Tauscher
O: der Buchstaben-Fresser
F: beide gleichzeitig

www.LunaLeseprofi.de

5. Was stand im Wald, bevor das Ei kam?
U: eine Linde, eine Birke und eine kleine Fichte
T: Buchen und Tannen
L: viele Erlen und eine Eiche

6. Und was gibt es da jetzt?
E: Kuchen und Wannen
L: ganz viel Rinde, Borke und kleine Wichte
N: viele Eulen und Elche

Lösung: E _ _ _ C H T E

Hast du das Rätsel gelöst? Dann gib das Lösungswort unter www.LunaLeseprofi.de ein. Hole deine Familie, deine Freunde und Lehrer dazu. Du kannst dann noch mehr Spiele machen. Viel Spaß! Deine Luna

Sonne, Mond und Sterne

2./3. Klasse

Geheimnisse in Sicht!

Kirsten Boie
Sonne, Mond und Sterne – 2./3. Klasse
Jannis und der ziemlich kleine Einbrecher
ISBN 978-3-7891-0668-2

Christine Nöstlinger
Sonne, Mond und Sterne – 2./3. Klasse
Quatschgeschichten vom Franz
ISBN 978-3-7891-0723-8

Als Jannis abends allein ist, bekommt er Besuch. Der ist sehr klein, sehr fleißig, überaus hungrig und gar nicht gefährlich!

Die Gabi hat eine „Quatsch-Geheimsprache" entwickelt: Jedes Wort beginnt mit „Quatsch". Franz darf nichts verraten.

Mit Lernspielen im Internet. Lesepatenmodell für Lehrer und Eltern.
www.LunaLeseprofi.de und **www.oetinger.de**